Dieses Buch gehört zu:

Farbtest-Seite

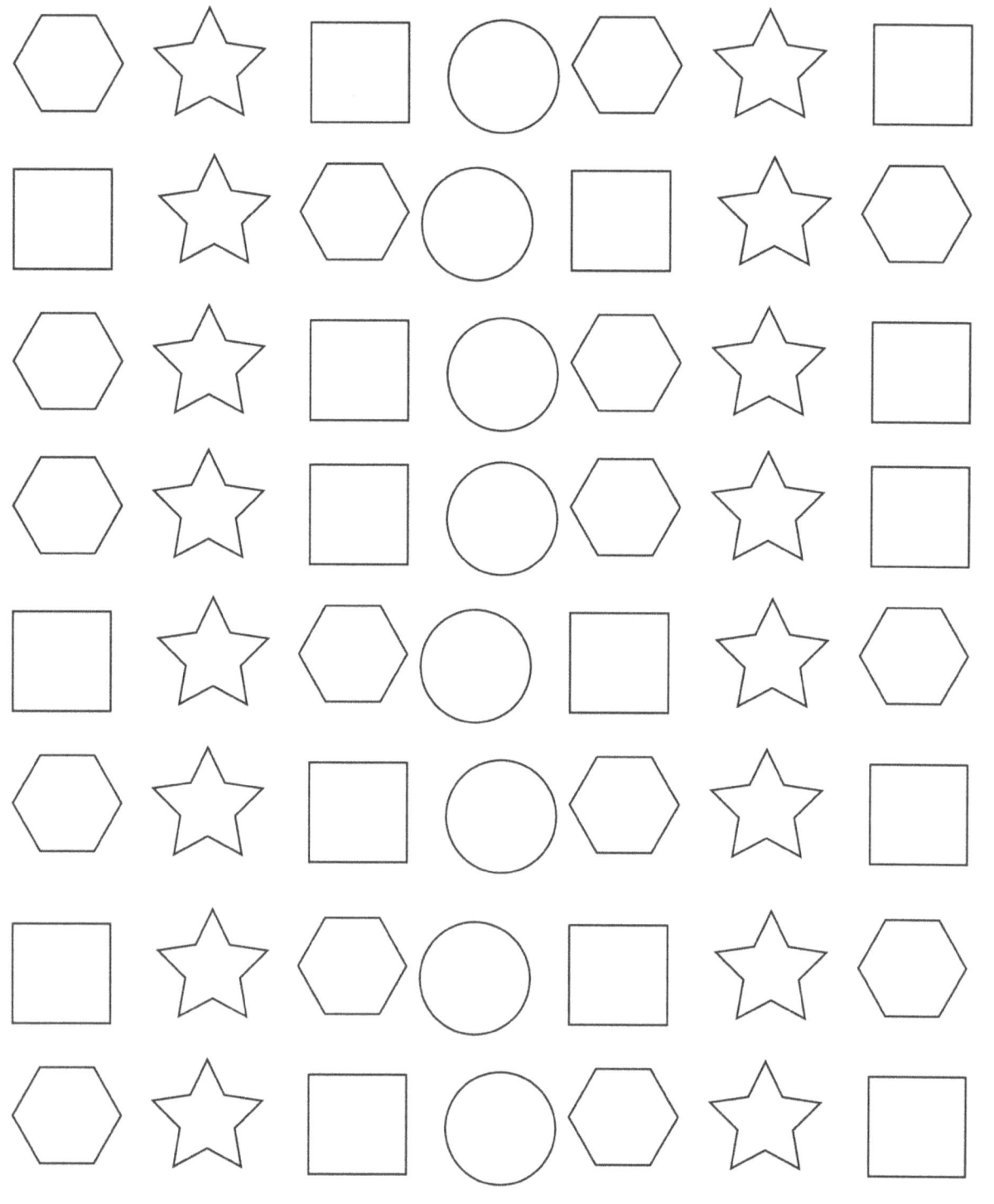

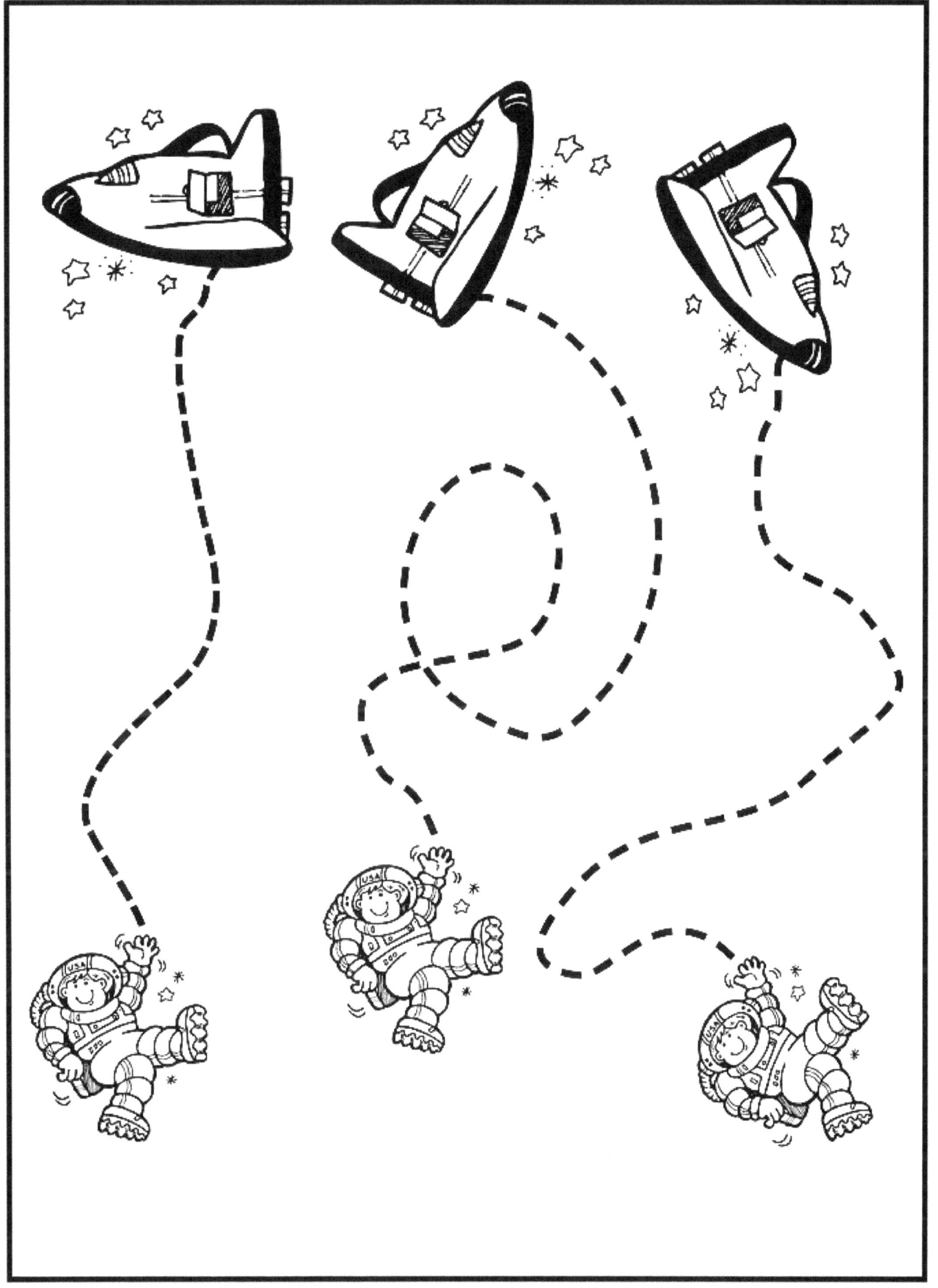

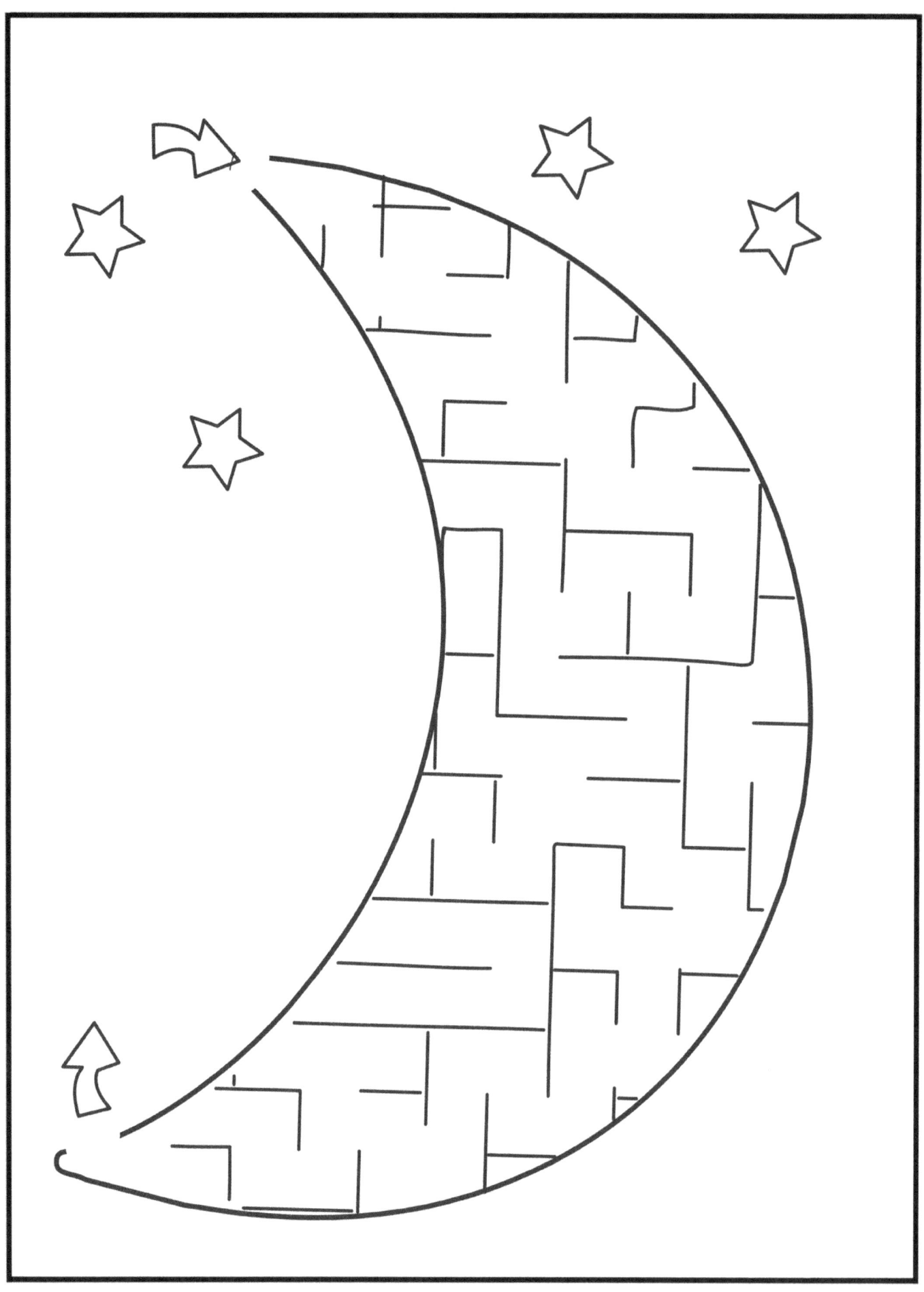

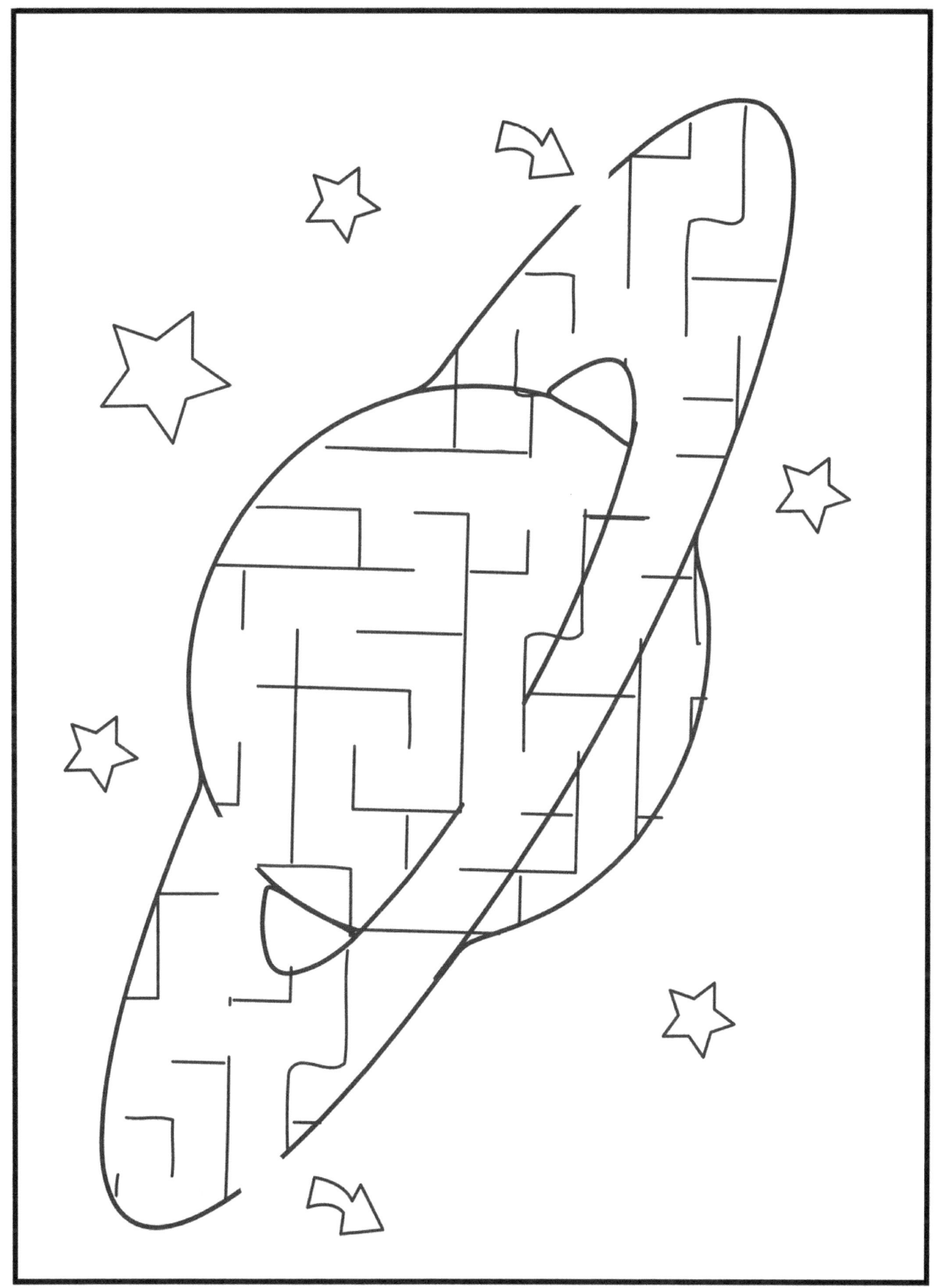

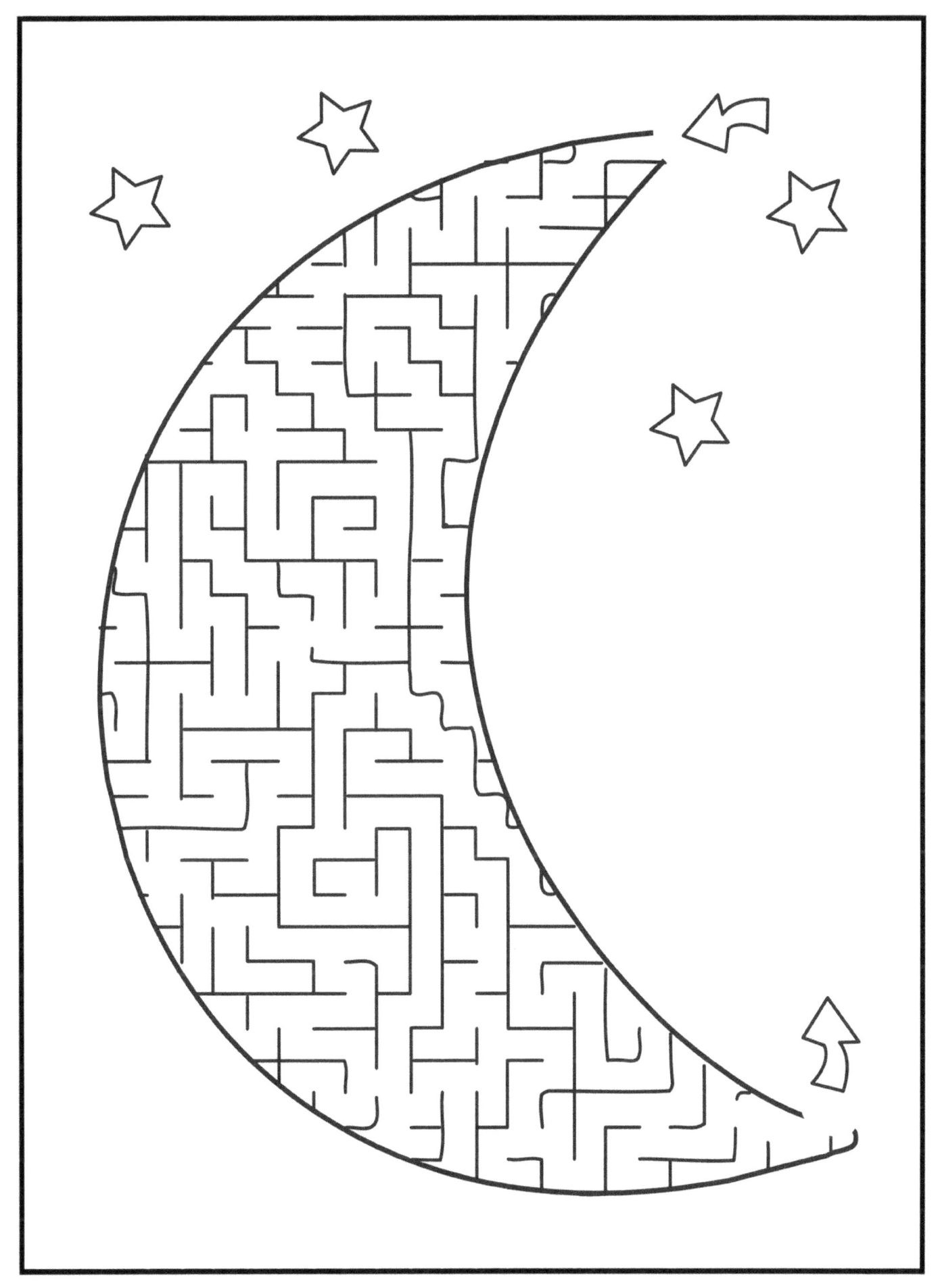

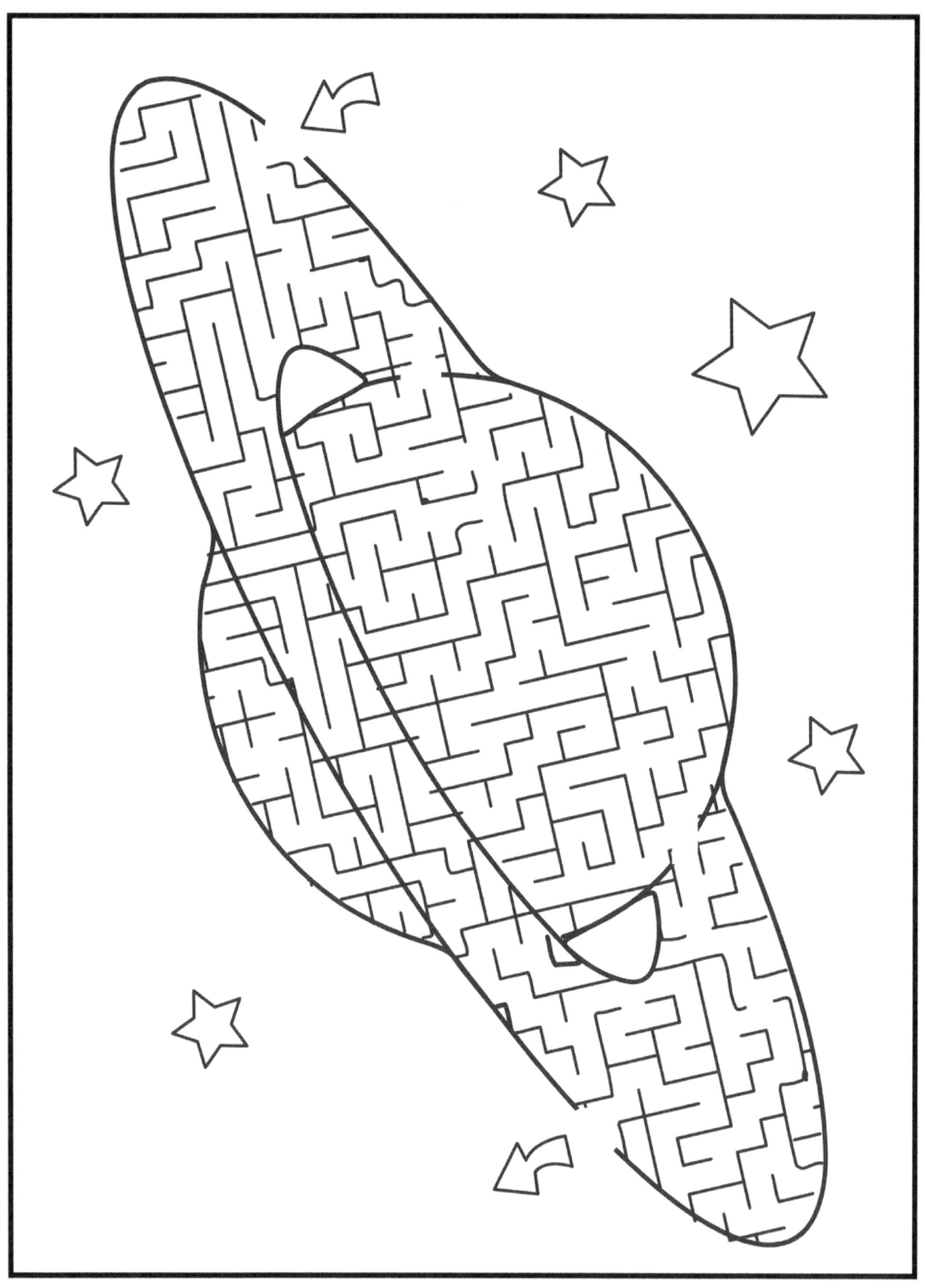

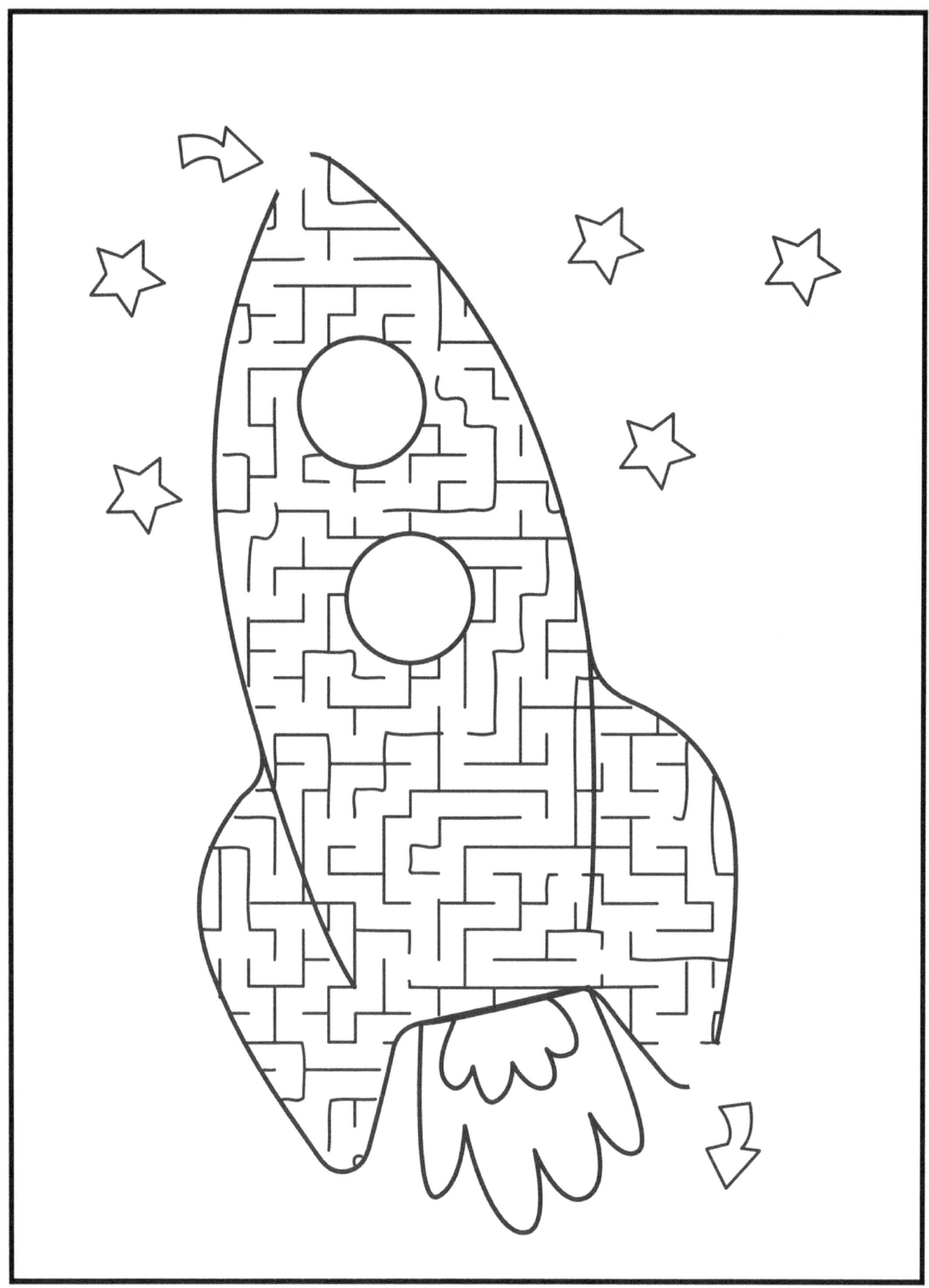

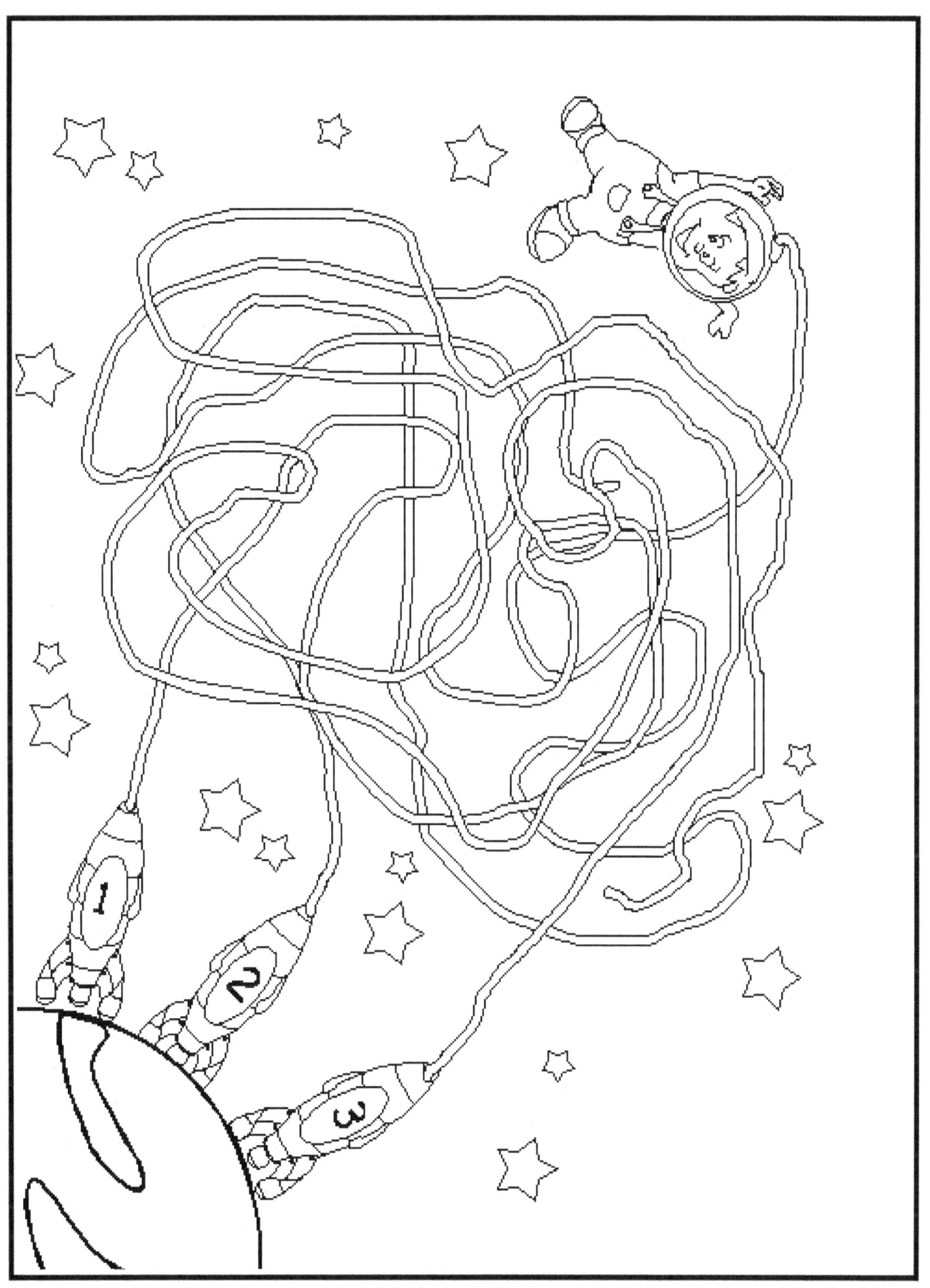

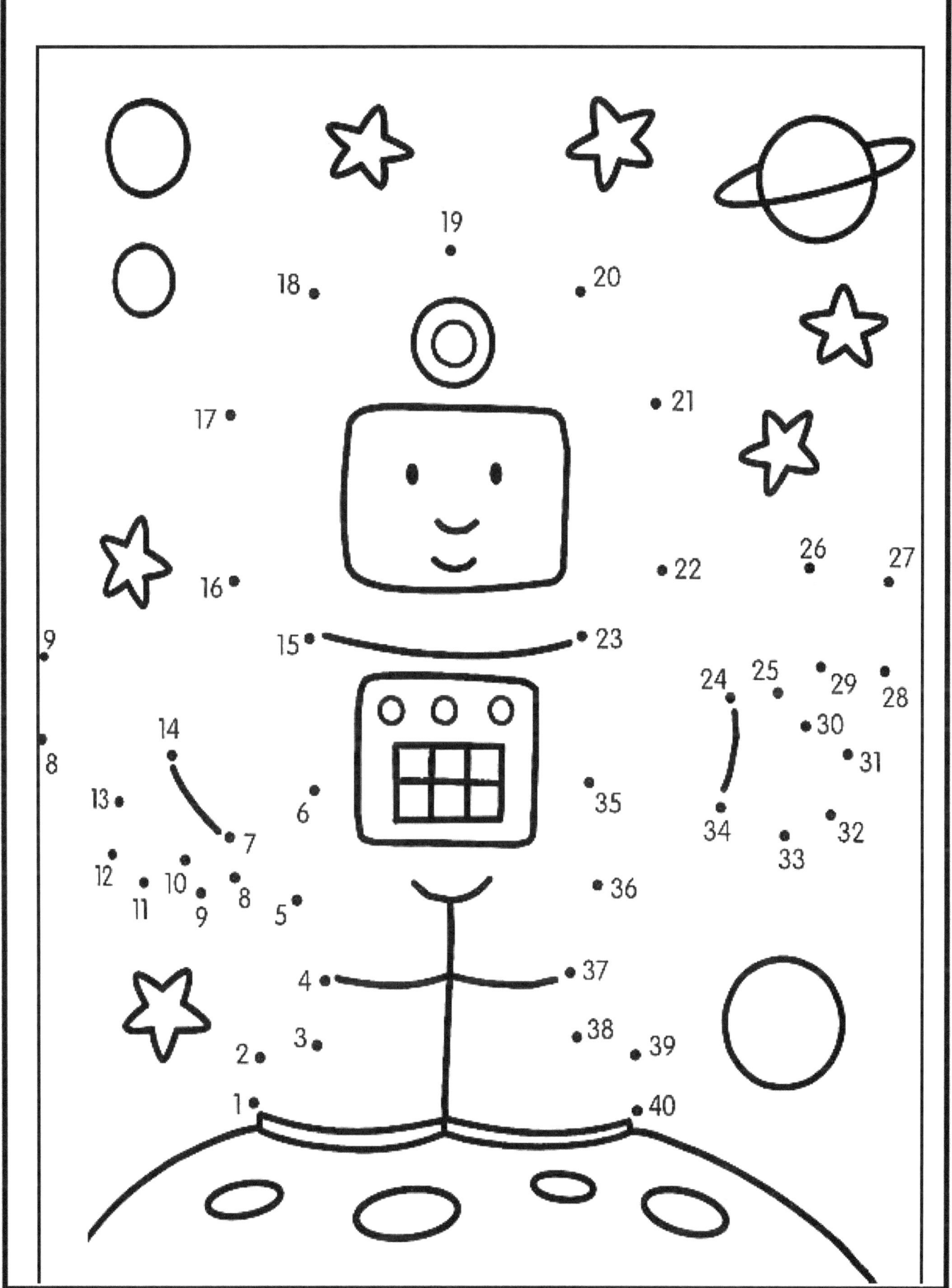

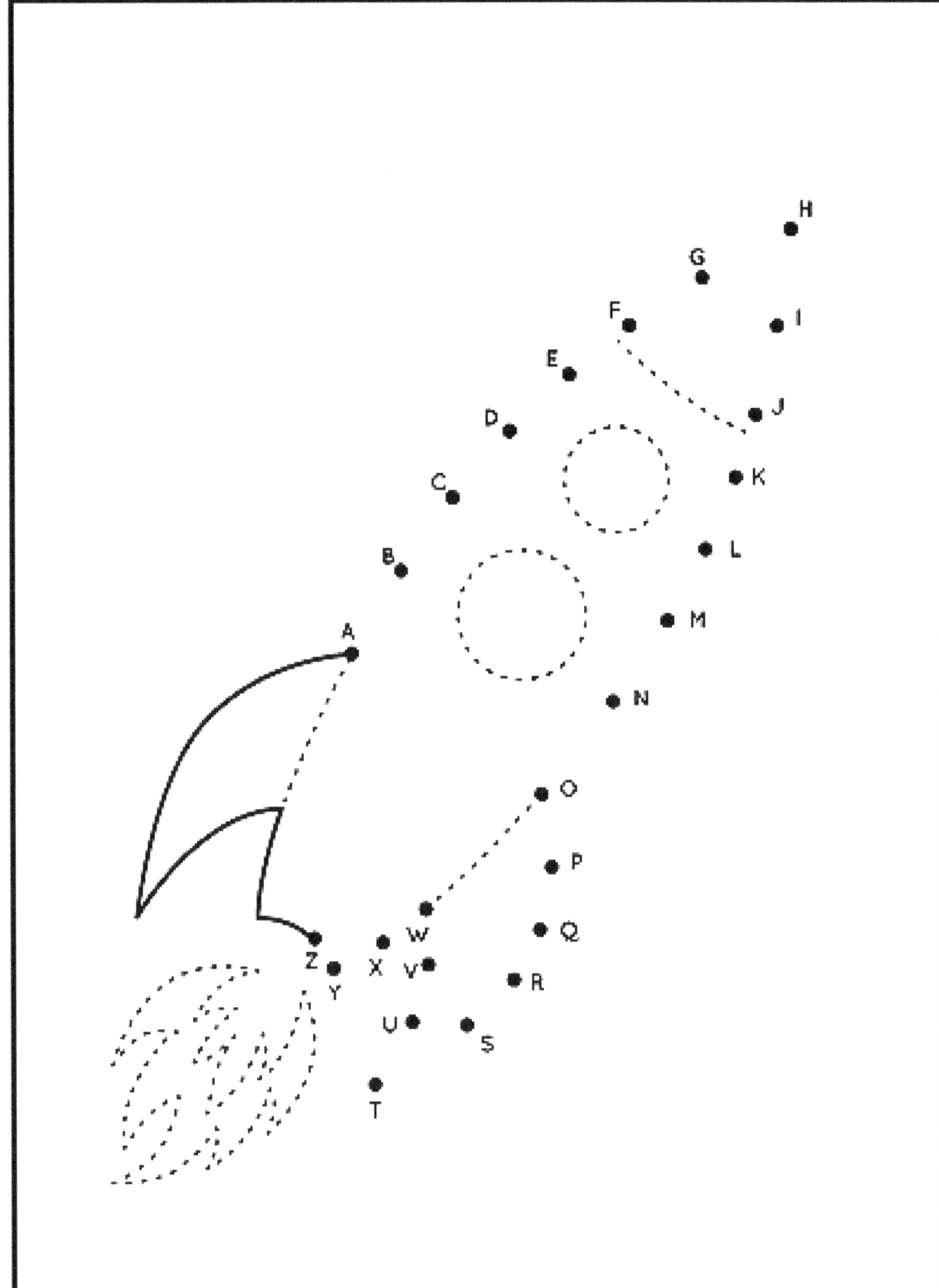

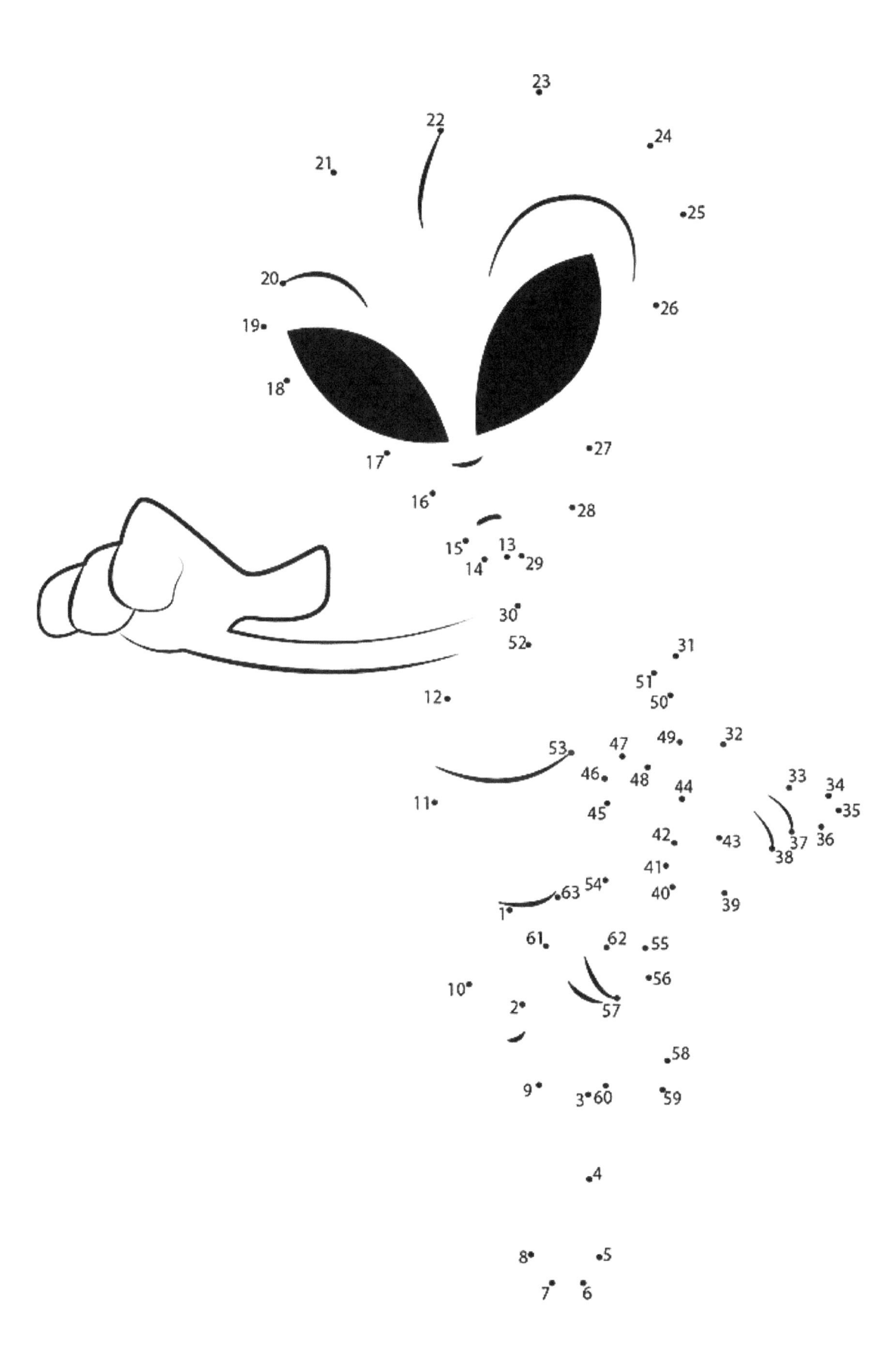

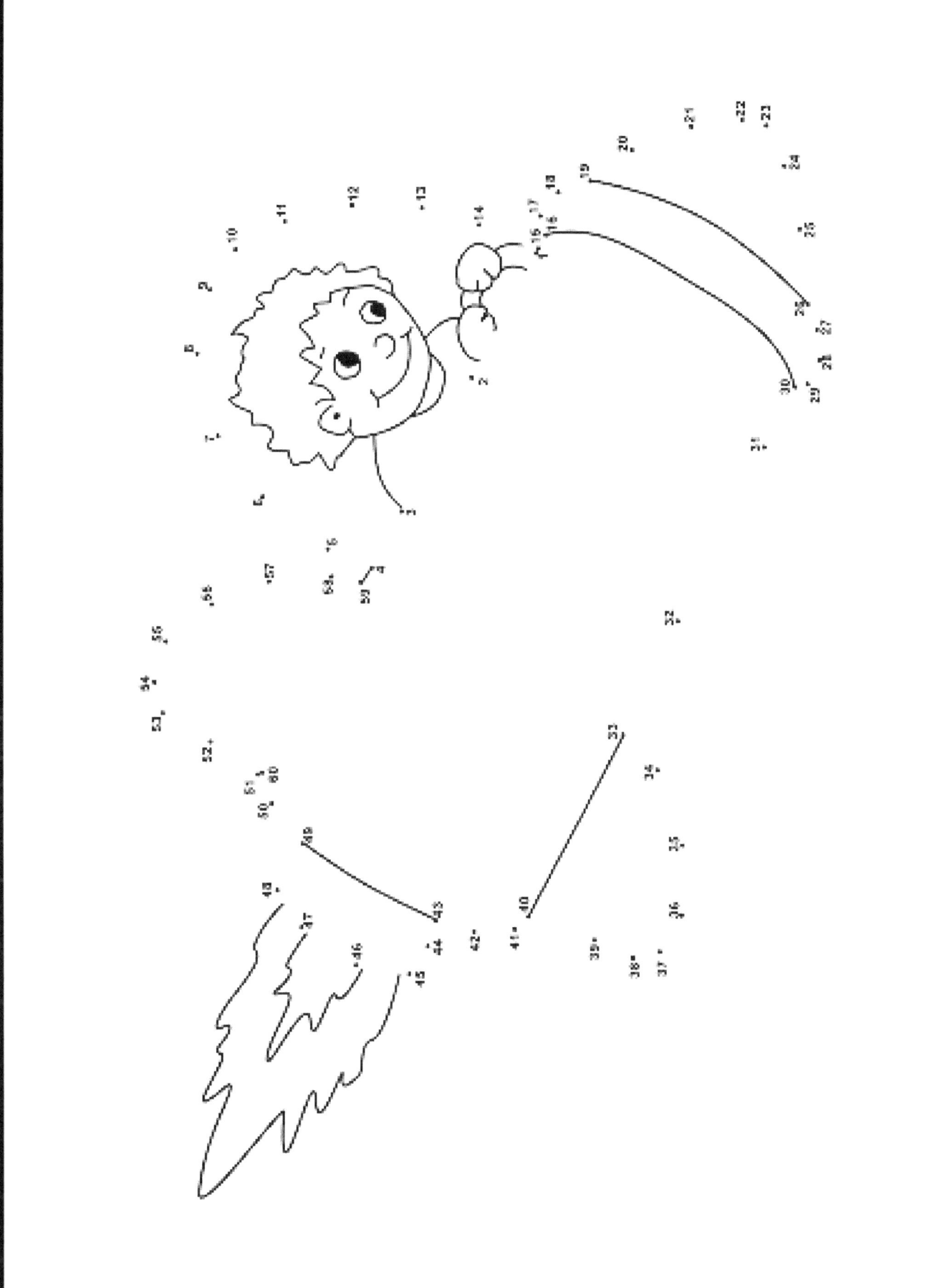

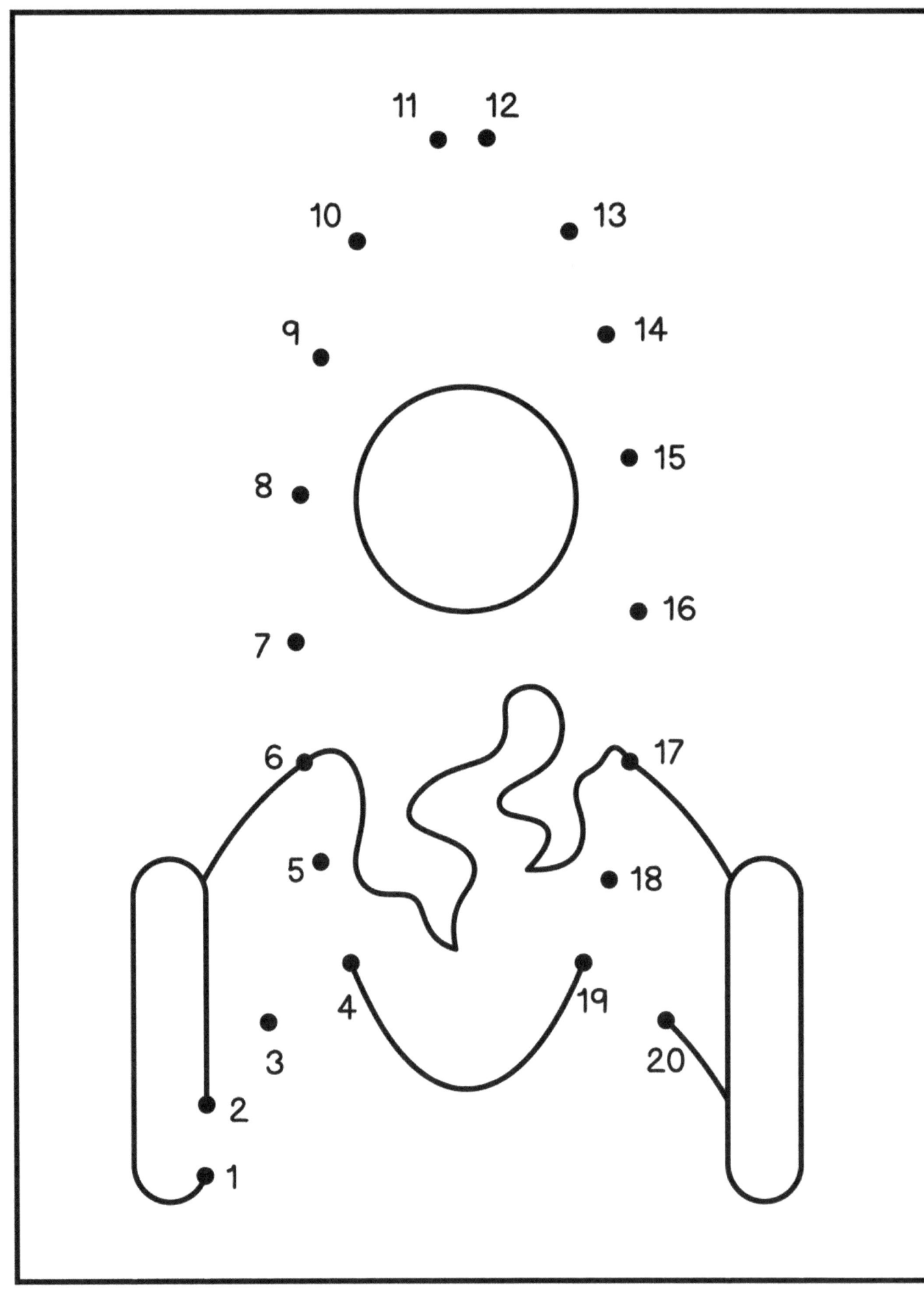

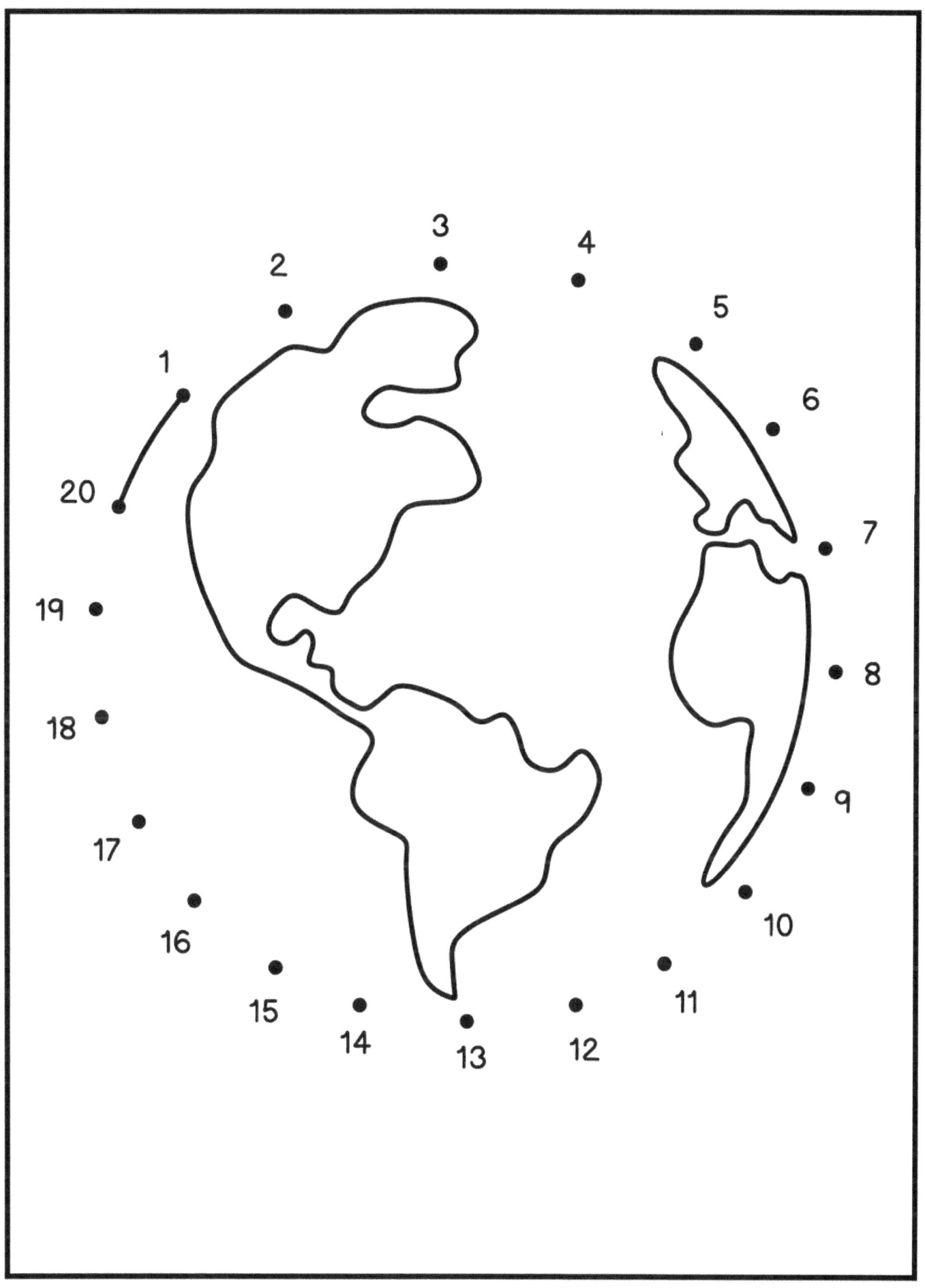

Danke, dass Sie dieses Buch ausgewählt haben.

Ich hoffe, Ihr Kind hat die Aktivitäten in diesem Buch genauso genossen wie ich die Erstellung.

Ihr Feedback ist für mich sehr wichtig.

Sollten Sie Probleme mit dem Buch haben, wie z.B. Druckfehler, fehlerhafte Bindung, Papierausbluten oder andere Probleme, zögern Sie bitte nicht, mich zu kontaktieren:

 happybooksforall@gmail.com

 /happybooksforall

 /happy.bookss

Wenn Sie dieses Buch genossen haben, ziehen Sie bitte in Betracht, eine Rezension auf der Website zu hinterlassen. Es dauert nur ein paar Minuten, aber es würde so sehr geschätzt werden. Rezensionen sind eine geniale Sache für kleine Unternehmen wie uns - sie sind der beste Weg, um andere potenzielle Kunden über das Buch und Ihre Meinung dazu zu informieren. Wir möchten Sie ermutigen, Fotos von der Innenseite und dem Cover des Buches in Ihre Rezension aufzunehmen.

Nochmals vielen Dank, dass Sie sich für dieses Buch entschieden haben.

© Copyright 2021 - Alle Rechte vorbehalten.

Sie dürfen den Inhalt dieses Buches nicht ohne direkte schriftliche Genehmigung des Autors reproduzieren, vervielfältigen oder versenden. Sie können hiermit unter keinen Umständen den Herausgeber für irgendwelche Wiedergutmachungen, Entschädigungen oder Geldverluste verantwortlich machen, die auf die hier enthaltenen Informationen zurückzuführen sind, weder direkt noch indirekt.

Rechtlicher Hinweis: Dieses Buch ist urheberrechtlich geschützt. Sie können das Buch für persönliche Zwecke verwenden. Sie sollten das in diesem Buch enthaltene Material weder ganz noch teilweise verkaufen, verwenden, verändern, verteilen, zitieren, auszugsweise übernehmen oder paraphrasieren, ohne vorher die Erlaubnis des Autors einzuholen.

Hinweis zum Haftungsausschluss: Bitte beachten Sie, dass die Informationen in diesem Dokument nur zur gelegentlichen Lektüre und zu Unterhaltungszwecken gedacht sind.
Wir haben alle Anstrengungen unternommen, um genaue, aktuelle und zuverlässige Informationen zu liefern. Wir geben keine Garantien irgendwelcher Art ab oder schließen sie ein. Die lesenden Personen nehmen zur Kenntnis, dass der Autor nicht damit beschäftigt ist, rechtliche, finanzielle, medizinische oder andere Ratschläge zu geben. Der Inhalt dieses Buches wurde von uns an verschiedenen Stellen zusammengestellt.

Bitte konsultieren Sie einen lizenzierten Fachmann, bevor Sie die in diesem Buch gezeigten Techniken ausprobieren. Indem er durch dieses Dokument geht, kommt der Buchliebhaber zu einer Vereinbarung, dass unter keiner Situation ist der Autor verantwortlich für jeden Verlust, direkt oder indirekt, die sie wegen der Verwendung von Material in diesem Dokument enthalten sind, einschließlich, aber nicht beschränkt auf, - Fehler, Auslassungen oder Ungenauigkeiten.

www.ingramcontent.com/pod-product-compliance
Lightning Source LLC
LaVergne TN
LVHW060212080526
838202LV00052B/4255